Totalement irrésistibles !

IRRÉSISTIBLES · IRRÉSISTIBLES ·

★★★

Dans la collection « Irrésistibles »

Conception graphique et réalisation : BABYLONE19

Connectez-vous sur www.editionsdelamartiniere.fr

ISBN : 978-2-7324-6378-0

Babas cool !

SICCA BOKOVI

Photographies : Aimery Chemin
Stylisme : Chae Rin Vincent

Éditions
de La Martinière

Sommaire

Introduction

Les entremets modernes ont presque réussi à faire oublier les pâtisseries traditionnelles comme le baba. Mais ce dernier a fait son grand retour pour le plus grand plaisir des gourmands !

On distingue généralement deux types de babas : le classique (en forme de bouchon) et le savarin (en forme de couronne). Dans les deux cas, il s'agit d'une pâte levée qu'on laisse sécher puis qu'on imbibe d'un sirop parfumé (normalement avec de l'alcool) et qu'on garnit de chantilly. Pour réaliser les recettes de ce livre, vous trouverez donc deux recettes de pâte : la pâte à baba et la pâte à savarin selon que vous êtes exigeant ou pressé. La première est très moelleuse alors que la seconde est plus alvéolée mais le temps de levée est moins long.

Je vous propose des recettes sucrées et salées pour profiter du baba de l'apéro au dessert accompagnées pour certaines de variantes qui vous permettront par exemple de subtiliser la liqueur du sirop si vous le préférez sans alcool, ou encore d'utiliser des ingrédients du monde afin de décliner le baba selon vos envies. Appropriez-vous les recettes, créez-en d'autres et prenez autant de plaisir que moi à les réaliser... et à les déguster !

L'ORGANISATION

Les pâtes à baba et à savarin sont des pâtes levées. Il faut donc penser au temps de repos nécessaire après avoir confectionné la pâte pour laisser le temps à la levure d'agir.

Une autre étape ne peut être omise : le séchage. La pâte à baba doit sécher pendant au moins 3 jours, alors que la pâte à savarin ne nécessite qu'au minimum 24 heures. Cette étape est importante car cela permet au baba de mieux absorber le sirop. Prévoyez donc de réaliser la pâte à l'avance.

LES USTENSILES

Un robot pâtissier vous sera utile pour pétrir la pâte à baba et monter la crème en chantilly. Si vous n'en possédez pas, vous pouvez pétrir la pâte à la main. Cela sera plus long mais le résultat sera le même.

Pour réaliser la chantilly sans robot, versez la crème dans un saladier en inox et placez le saladier, ainsi que les fouets, au réfrigérateur pendant au moins 30 minutes. S'il fait très chaud, placez le saladier dans un autre récipient plus grand rempli d'eau froide et de glaçons pendant que vous fouettez la crème. Si vous utilisez un siphon à chantilly, n'oubliez pas de passer la préparation à base de crème au chinois avant de la verser dans le siphon pour éviter de le boucher.

Il vous faudra un grand saladier pour imbiber le baba et une grille pour le laisser s'égoutter.

Le moule rond à savarin est indispensable mais vous pouvez également utiliser des moules à portions individuelles ou des minimoules à savarin ronds, carrés, ovales, en forme de bouchon pour un baba...

N'hésitez pas à vous munir de différentes douilles pour pocher la chantilly et ainsi varier les décors. Si vous n'avez pas de poche à douille, vous pouvez utiliser un sac congélation en coupant simplement un des coins pour y faire tenir la douille.

LES INGRÉDIENTS

Utilisez de préférence de la farine de gruau ou à défaut de la farine de type 45. Ces farines sont plus riches en gluten. Les particules de gluten se fixent les unes aux autres pendant le pétrissage pour donner de l'élasticité à la pâte et lui permettre de bien se développer pendant la cuisson. Cela permet d'obtenir une pâte avec une texture alvéolée, caractéristique des pâtes levées.

Utilisez de préférence de la crème fraîche entière à 30 % de matières grasses, de type fleurette. Les briques de crème UHT peuvent être utilisées mais il faut les placer au réfrigérateur la veille de la préparation.

Vous trouverez dans le commerce des sachets de poudre pour fixer la chantilly. Il n'est pas obligatoire d'en utiliser mais cela peut s'avérer utile si les babas doivent rester au réfrigérateur plusieurs heures.

LA CONSERVATION

Le baba doit être dégusté sans trop attendre. Vous pouvez néanmoins le conserver jusqu'à 2 jours au réfrigérateur mais la pâte risque de s'effriter. Vous pouvez congeler le baba. Il est préférable de le congeler cuit, non imbibé et non garni pour obtenir un meilleur résultat mais sachez qu'il est possible de le congeler garni et imbibé. Il sera presque aussi bon qu'un baba frais ; cependant la texture sera plus friable. Dans les deux cas, laissez-le bien revenir à température toute une nuit, au réfrigérateur.

Redécouvrez la rondeur du baba. Succombez au moelleux de sa pâte, à la douceur de son sirop parfumé et à l'onctuosité de sa crème chantilly !

Pâte à **baba**

Cette première recette se rapproche de la pâte à brioche et donne une pâte très moelleuse. Elle requiert plus de temps que la pâte à savarin.

PRÉPARATION :
20 minutes
TEMPS DE LEVÉE :
2 heures
CUISSON :
15 à 20 minutes
SÉCHAGE :
3 jours

Les courses !

POUR 10 BABAS OU UN GRAND MOULE À SAVARIN

- 250 g de farine de blé
- 30 g de levure de boulanger fraîche
- 4 œufs
- 3 g de sel
- 70 g de sucre en poudre
- 125 g de beurre très mou coupé en dés
- Un peu de beurre fondu ou d'huile pour badigeonner le(s) moule(s) si vous utilisez des moules en métal

Préchauffez le four à 180 °C (th. 6) en programme traditionnel.

AU **ROBOT**

Placez dans la cuve du robot la farine, le sel, le sucre, la levure et les œufs. Utilisez le crochet à pétrir et pétrissez jusqu'à ce que la pâte se détache du récipient. Ajoutez ensuite le beurre en une fois et pétrissez de nouveau jusqu'à ce que la pâte se détache de la cuve.

OU À **LA MAIN**

Sur un tapis silicone ou sur un plan de travail propre, mélangez la farine, le sel et le sucre. Faites un puits et disposez-y les œufs et la levure. Mélangez au centre en incorporant le mélange farine-sel-sucre petit à petit. Une fois la pâte formée, pétrissez-la : écartez-la d'abord avec la main, reformez une boule, tournez d'un quart de cercle et recommencez l'opération jusqu'à ce que la pâte n'adhère plus au tapis ou au plan de travail. Étalez-la grossièrement avec la paume de vos mains, ajoutez les dés de beurre et pétrissez à nouveau jusqu'à ce que ce dernier soit bien incorporé et que la pâte n'adhère plus au tapis ou au plan de travail.

Badigeonnez de beurre ou d'huile le(s) moule(s) à baba (cette étape n'est pas nécessaire pour des moules en silicone) et garnissez-le(s) à moitié. Laissez lever la pâte à température ambiante pendant 2 heures environ jusqu'à ce qu'elle ait doublé de volume. Enfournez et laissez cuire entre 15 et 20 minutes, jusqu'à ce que la pâte soit bien dorée. Démoulez les babas aussitôt sortis du four et laissez-les refroidir sur une grille. Laissez-les sécher à l'air libre pendant 3 jours.

Pâte à **savarin**

Cette recette donne une pâte plus alvéolée, un peu moins fondante que la pâte à baba mais tout aussi délicieuse ! Elle est moins longue à réaliser et vous permet de confectionner un baba en 2 jours.

PRÉPARATION :
20 minutes
TEMPS DE LEVÉE :
30 minutes
CUISSON :
20 à 25 minutes
SÉCHAGE :
24 heures

Les courses !

POUR UN GRAND MOULE À SAVARIN OU 10 BABAS

- 3,5 cl d'eau
- 10 g de levure de boulanger fraîche
- 2,5 cl de sirop d'agave ou à défaut de miel
- 4 œufs
- 200 g de farine de blé
- 5 g de sel
- 60 g de beurre liquide et refroidi

Préchauffez le four à 170 °C (th. 6) en programme traditionnel.

Dans un saladier, diluez la levure dans l'eau puis ajoutez le miel et mélangez. Ajoutez ensuite la moitié des œufs et mélangez de nouveau.

AU **ROBOT**

Mettez la farine et le sel dans la cuve du robot équipé d'un crochet à pétrir. Ajoutez la préparation précédente et pétrissez jusqu'à ce que la pâte se détache de la cuve. Ajoutez la deuxième partie des œufs et continuez de pétrir. Laissez lever la pâte 30 minutes. Ajoutez le beurre fondu et refroidi et pétrissez de nouveau jusqu'à ce que la pâte se détache de la cuve.

OU À **LA MAIN**

Sur un tapis silicone ou sur un plan de travail propre, mélangez la farine et le sel. Faites un puits et disposez-y la préparation levure-eau-miel-œufs. Mélangez au centre en incorporant la farine petit à petit. Ajoutez la deuxième moitié des œufs et mélangez. Une fois la pâte formée, pétrissez-la : écartez-la d'abord avec la main, reformez une boule, tournez d'un quart de cercle et recommencez l'opération jusqu'à ce que la pâte n'adhère plus au tapis ou au plan de travail. Étalez-la grossièrement avec la paume de vos mains, ajoutez le beurre et pétrissez à nouveau jusqu'à ce que le beurre soit bien incorporé et que la pâte n'adhère plus au tapis ou au plan de travail.

Badigeonnez de beurre ou d'huile le(s) moule(s) à baba (cette étape n'est pas nécessaire pour des moules en silicone) et garnissez-le(s) à moitié. Laissez lever la pâte pendant 30 minutes environ jusqu'à ce qu'elle ait doublé de volume. Enfournez et laissez cuire entre 20 et 25 minutes jusqu'à ce que la pâte soit bien dorée. Démoulez les babas aussitôt sortis du four et laissez-les refroidir sur une grille. Laissez-les sécher à l'air libre pendant 24 heures.

Baba au Malibu® **coco** et à la citronnelle, **chantilly** coco-combava

PRÉPARATION :
1 heure

Les courses !

POUR 10 BABAS OU UN GRAND MOULE À SAVARIN

Pâte à baba ou à savarin, recettes de base pages 8-9

POUR LE SIROP

- 1 l d'eau
- 3 bâtons de citronnelle coupés en tronçons
- 500 g de sucre
- 40 cl de Malibu® coco

POUR LA CHANTILLY

- 250 g de mascarpone froid
- 40 cl de crème de coco à température ambiante
- 1,5 sachet de poudre pour fixer la chantilly
- 2 g de zeste de combava
- 100 g de sucre glace tamisé

POUR LE DÉCOR (FACULTATIF)

Noix de coco râpée
Quelques zestes de citron vert

PRÉPAREZ LE SIROP. Faites bouillir l'eau avec les tronçons de citronnelle. Coupez le feu, couvrez et laissez infuser la citronnelle pendant au moins 20 minutes. Rallumez le feu, ajoutez le sucre, mélangez et faites bouillir jusqu'à ce qu'il soit bien dissous. Laissez refroidir.

QUAND LE SIROP EST À 60 °C, AJOUTEZ LE MALIBU®. Trempez le baba en le retournant jusqu'à ce qu'il ait bien absorbé le sirop. Roulez-le dans de la noix de coco râpée. Égouttez-le sur une grille quelques minutes puis laissez-le refroidir sur votre plat de service.

PRÉPAREZ LA CHANTILLY. Commencez par détendre le mascarpone avec la crème de coco dans la cuve du robot ou dans un saladier en inox. Ajoutez le zeste de combava et la poudre pour fixer la chantilly. Mélangez et placez le récipient au réfrigérateur pendant au moins 30 minutes.

FOUETTEZ LA CRÈME. Lorsqu'elle s'épaissit, ajoutez le sucre glace en une fois. Fouettez jusqu'à obtenir la consistance d'une chantilly.

REMPLISSEZ UNE POCHE À DOUILLE DE CHANTILLY et décorez le baba. Ajoutez quelques zestes de citron vert.

Conseil : servez avec un cocktail de Malibu® coco et de jus d'orange.

Pour une variante sans alcool, remplacez le Malibu® coco par du lait de coco.

Baba au rhum ambré, **chantilly** à la chicorée

PRÉPARATION :
1 heure

Les courses !

POUR 10 BABAS OU UN GRAND MOULE À SAVARIN

Pâte à baba ou à savarin, recettes de base pages 8-9

POUR LE SIROP

- 1 l d'eau
- 500 g de sucre
- 3 cuil. à soupe de chicorée liquide ou 6 cuil. à café de chicorée soluble
- 40 cl de rhum ambré

POUR LA CHANTILLY

- 250 g de mascarpone
- 50 cl de crème liquide
- 3 cuil. à café de chicorée liquide ou 6 cuil. à café de chicorée soluble
- 1,5 sachet de poudre pour fixer la chantilly
- 100 g de sucre glace tamisé

POUR LE DÉCOR (FACULTATIF)

Brisures de spéculoos

PRÉPAREZ LE SIROP. Faites bouillir l'eau avec le sucre jusqu'à ce qu'il soit bien dissous. Coupez le feu, incorporez la chicorée. Laissez refroidir.

LORSQUE LE SIROP EST À 60 °C, AJOUTEZ LE RHUM. Imbibez le baba et laissez-le s'égoutter sur une grille quelques minutes. Disposez le baba sur votre plat de service.

PRÉPAREZ LA CHANTILLY. Délayez le mascarpone avec la crème liquide dans la cuve du robot ou dans un saladier en inox. Ajoutez la chicorée et la poudre pour fixer la chantilly. Mélangez bien. Placez le récipient au réfrigérateur pendant au moins 30 minutes.

FOUETTEZ LA CRÈME. Lorsqu'elle s'épaissit, ajoutez le sucre glace et montez la crème en chantilly.

REMPLISSEZ UNE POCHE À DOUILLE DE CETTE CRÈME et décorez le baba. Ajoutez des brisures de spéculoos.

SERVEZ AUSSITÔT.

Conseil : si vous le souhaitez, accompagnez ce baba d'un café liégeois.

Pour varier les saveurs, remplacez les 500 g de sucre prévus pour le sirop par 10 cl de sirop de Liège et 400 g de sucre. Le résultat n'en sera que plus fruité et légèrement caramélisé.

Baba à la tequila et à l'orange, **chantilly** à la grenadine

PRÉPARATION :
1 heure

Les courses !

POUR 10 BABAS OU UN GRAND MOULE À SAVARIN

Pâte à baba ou à savarin, recettes de base pages 8-9

POUR LE SIROP

1 l d'eau
2 zestes d'orange
500 g de sucre
40 cl de tequila

POUR LA CHANTILLY

250 g de mascarpone
50 cl de crème liquide
6 cuil. à soupe de sirop de grenadine
1,5 sachet de poudre pour fixer la chantilly
60 g de sucre glace tamisé

POUR LE DÉCOR (FACULTATIF)

Quelques fruits des bois
Quelques zestes d'orange

PRÉPAREZ LE SIROP. Faites bouillir l'eau avec les zestes d'orange. Coupez le feu, couvrez et laissez infuser au moins 20 minutes. Ajoutez le sucre et faites bouillir jusqu'à ce qu'il soit bien dissous. Laissez refroidir.

LORSQUE LE SIROP EST À 60 °C, AJOUTEZ LA TEQUILA. Imbibez le baba et laissez-le s'égoutter sur une grille quelques minutes. Disposez le baba sur votre plat de service.

PRÉPAREZ LA CHANTILLY. Délayez le mascarpone avec la crème liquide dans la cuve du robot ou dans un saladier en inox. Ajoutez le sirop de grenadine et la poudre pour fixer la chantilly. Mélangez et placez le récipient au réfrigérateur pendant au moins 30 minutes.

FOUETTEZ LA CRÈME. Lorsqu'elle s'épaissit, ajoutez le sucre glace et montez la crème en chantilly.

REMPLISSEZ UNE POCHE À DOUILLE DE CETTE CRÈME et décorez le baba. Ajoutez quelques fruits des bois et des zestes d'orange.

SERVEZ AUSSITÔT.

Conseil : accompagnez le baba d'un cocktail Tequila Sunrise ou d'un verre de jus d'orange.

Pour une variante sans alcool, remplacez les 40 cl de tequila par 40 cl de jus d'orange.

Baba au bourbon, **chantilly** au beurre de cacahouète

PRÉPARATION :
1 heure

Les courses !

POUR 10 BABAS OU UN GRAND MOULE À SAVARIN

Pâte à baba ou à savarin, recettes de base pages 8-9

POUR LE SIROP

1 l d'eau
500 g de sucre
40 cl de bourbon

POUR LA CHANTILLY

100 g de beurre de cacahouète sans morceaux
60 cl de crème liquide
1,5 sachet de poudre pour fixer la chantilly
80 g de sucre glace tamisé

POUR LE DÉCOR (FACULTATIF)

Brisures de chouchous (cacahouètes caramélisées).

PRÉPAREZ LE SIROP. Faites bouillir l'eau avec le sucre jusqu'à ce que ce dernier soit bien dissous. Laissez refroidir.

LORSQUE LE SIROP EST À 60 °C, AJOUTEZ LE BOURBON. Imbibez le baba et laissez-le s'égoutter sur une grille quelques minutes. Disposez le baba sur votre plat de service.

PRÉPAREZ LA CHANTILLY. Délayez le beurre de cacahouète avec la crème liquide dans la cuve du robot ou dans un saladier en inox. Ajoutez la poudre pour fixer la chantilly. Mélangez et placez le récipient au réfrigérateur pendant au moins 30 minutes.

FOUETTEZ LA CRÈME. Lorsqu'elle s'épaissit, ajoutez le sucre glace et montez la crème en chantilly.

REMPLISSEZ UNE POCHE À DOUILLE DE CETTE CRÈME et décorez le baba. Parsemez de brisures de chouchous.

SERVEZ AUSSITÔT.

Conseil : accompagnez cette recette d'un verre de bourbon.

Pour une variante sans alcool, remplacez le bourbon par 100 g de chocolat en poudre délayés dans 40 cl d'eau.

Baba au bissap, **chantilly** à la fraise

PRÉPARATION :
1 heure

Les courses !

POUR 10 BABAS OU UN GRAND MOULE À SAVARIN

Pâte à baba ou à savarin, recettes de base pages 8-9

POUR LE SIROP

1 l d'eau
3 cuil. à soupe de fleurs d'hibiscus séchées
500 g de sucre

POUR LA CHANTILLY

250 g de mascarpone
40 cl de crème liquide
6,5 cl de coulis de fraises
1,5 sachet de poudre pour fixer la chantilly
80 g de sucre glace tamisé

POUR LE DÉCOR (FACULTATIF)

Guimauves à la fraise

PRÉPAREZ LE SIROP. Faites bouillir l'eau et ajoutez les fleurs d'hibiscus. Coupez le feu, couvrez et laissez infuser au moins 20 minutes. Retirez les fleurs d'hibiscus et ajoutez le sucre. Faites bouillir jusqu'à ce qu'il soit bien dissous. Laissez refroidir.

LORSQUE LE SIROP EST À 60 °C, IMBIBEZ LE BABA. Laissez-le s'égoutter sur une grille quelques minutes. Disposez le baba sur votre plat de service.

PRÉPAREZ LA CHANTILLY. Délayez le mascarpone avec la crème liquide dans la cuve du robot ou dans un saladier en inox. Ajoutez le coulis de fraises et la poudre pour fixer la chantilly. Mélangez et placez le récipient au réfrigérateur pendant au moins 30 minutes.

FOUETTEZ LA CRÈME. Lorsqu'elle s'épaissit, ajoutez le sucre glace et montez la crème en chantilly.

REMPLISSEZ UNE POCHE À DOUILLE DE CETTE CRÈME et décorez le baba. Ajoutez quelques cubes de guimauves à la fraise.

SERVEZ AUSSITÔT.

Conseil : accompagnez le baba d'un bissap (infusion de fleurs d'hibiscus) glacé.

Pour varier les plaisirs, vous pouvez remplacer les fleurs d'hibiscus séchées par 10 cl d'eau de rose ou de fleur d'oranger.

Baba au planteur, **chantilly** passion

PRÉPARATION :
1 heure

Les courses !

POUR 10 BABAS OU UN GRAND MOULE À SAVARIN

Pâte à baba ou à savarin, recettes de base pages 8-9

POUR LE SIROP

1 l d'eau
500 g de sucre
50 cl de punch planteur

POUR LA CHANTILLY

250 g de mascarpone
40 cl de crème liquide
6 cl de jus de fruits de la passion
1,5 sachet de poudre pour fixer la chantilly
100 g de sucre glace tamisé

POUR LE DÉCOR (FACULTATIF)

Tranches d'ananas et de carambole

PRÉPAREZ LE SIROP. Faites bouillir l'eau et le sucre jusqu'à ce que ce dernier soit bien dissous. Laissez refroidir.

LORSQUE LE SIROP EST À 60 °C, AJOUTEZ LE PUNCH et imbibez le baba. Laissez-le s'égoutter sur une grille quelques minutes. Disposez le baba sur votre plat de service.

PRÉPAREZ LA CHANTILLY. Délayez le mascarpone avec la crème liquide dans la cuve du robot ou dans un saladier en inox. Ajoutez le jus de fruits de la passion et la poudre pour fixer la chantilly. Mélangez et placez le récipient au réfrigérateur pendant au moins 30 minutes.

FOUETTEZ LA CRÈME. Lorsqu'elle s'épaissit, ajoutez le sucre glace et montez la crème en chantilly.

REMPLISSEZ UNE POCHE À DOUILLE DE CETTE CRÈME et décorez le baba. Ajoutez des tranches d'ananas et de carambole. Servez aussitôt.

Conseil : comme accompagnement, vous pouvez choisir un verre de rhum arrangé ou un punch planteur.

Pour une variante sans alcool, remplacez le punch planteur par du jus de fruits exotiques.

Baba au saké et au thé vert au jasmin, **chantilly** au thé matcha

PRÉPARATION :
1 heure

Les courses !

POUR 10 BABAS OU UN GRAND MOULE À SAVARIN

Pâte à baba ou à savarin, recettes de base pages 8-9

POUR LE SIROP

1 l d'eau
5 cuil. à café de thé vert au jasmin
500 g de sucre
40 cl de saké

POUR LA CHANTILLY

250 g de mascarpone
40 cl de crème liquide
3 cuil. à café de thé matcha
1,5 sachet de poudre pour fixer la chantilly
100 g de sucre glace tamisé

PRÉPAREZ LE SIROP. Portez l'eau à 70 °C et ajoutez le thé. Coupez le feu, couvrez et laissez infuser 5 minutes. Filtrez, portez l'infusion à ébullition avec le sucre jusqu'à ce qu'il soit bien dissous. Laissez refroidir.

LORSQUE LE SIROP EST À 60 °C, AJOUTEZ LE SAKÉ et imbibez le baba. Laissez-le s'égoutter sur une grille quelques minutes. Disposez le baba sur votre plat de service.

PRÉPAREZ LA CHANTILLY. Délayez le mascarpone avec la crème liquide dans la cuve du robot ou dans un saladier en inox. Ajoutez le thé matcha et la poudre pour fixer la chantilly. Mélangez et placez le récipient au réfrigérateur pendant au moins 30 minutes.

FOUETTEZ LA CRÈME. Lorsqu'elle s'épaissit, ajoutez le sucre glace et montez la crème en chantilly.

REMPLISSEZ UNE POCHE À DOUILLE DE CETTE CRÈME et décorez le baba.

Conseil : servez accompagné d'un verre de saké ou d'un thé au jasmin.

Baba au Grand Marnier®, à l'orange et à la cardamome, **compote** de pommes, **cranberries** et épices

PRÉPARATION :
1 heure

Les courses !

POUR 10 BABAS OU UN GRAND MOULE À SAVARIN

Pâte à baba ou à savarin, recettes de base pages 8-9

POUR LE SIROP

- 4 gousses de cardamome
- 1 l d'eau
- 2 zestes d'orange
- 500 g de sucre
- 40 cl de Grand Marnier®

POUR LA COMPOTE

- 200 g de cranberries
- 1 anis étoilé
- 1 bâton de cannelle
- 1 gousse de vanille
- 500 g de pommes coupées en dés
- 200 g de sucre

PRÉPAREZ LE SIROP. Recueillez les graines des gousses de cardamome et concassez-les.

FAITES BOUILLIR L'EAU, ajoutez les zestes d'orange et la cardamome. Coupez le feu, couvrez et laissez infuser 5 minutes. Filtrez, portez l'infusion à ébullition avec le sucre jusqu'à ce qu'il soit bien dissous. Laissez refroidir.

LORSQUE LE SIROP EST À 60 °C, AJOUTEZ LE GRAND MARNIER® et imbibez le baba. Laissez-le s'égoutter sur une grille quelques minutes. Disposez le baba sur votre plat de service.

PRÉPAREZ LA COMPOTE. Placez les cranberries et les épices dans une casserole. Couvrez avec de l'eau à hauteur et faites bouillir jusqu'à ce que les cranberries soient molles. Ajoutez les pommes et le sucre puis laissez compoter. Retirez les épices et laissez tiédir.

SERVEZ LE BABA accompagné de cette compote et d'un thé aux agrumes.

Conseil : pour une variante sans alcool, remplacez les 40 cl de Grand Marnier® par 40 cl de jus d'agrumes.

Baba au marsala et au cacao, **chantilly** au café

PRÉPARATION :
1 heure

Les courses !

POUR 10 BABAS OU UN GRAND MOULE À SAVARIN

Pâte à baba ou à savarin, recettes de base pages 8-9

POUR LE SIROP

1 l d'eau
100 g de cacao en poudre non sucré
500 g de sucre
40 cl de marsala

POUR LA CHANTILLY

250 g de mascarpone
40 cl de crème liquide
2 cuil. à café d'extrait de café ou 2 espressos
1,5 sachet de poudre pour fixer la chantilly
100 g de sucre glace tamisé

POUR LE DÉCOR (FACULTATIF)

Cacao en poudre

PRÉPAREZ LE SIROP. Faites bouillir l'eau avec le cacao et le sucre. Fouettez jusqu'à ce que ce dernier soit bien dissous et le cacao bien incorporé. Laissez refroidir.

LORSQUE LE SIROP EST À 60 °C, AJOUTEZ LE MARSALA et imbibez le baba. Laissez-le s'égoutter sur une grille quelques minutes. Disposez le baba sur votre plat de service.

PRÉPAREZ LA CHANTILLY. Délayez le mascarpone avec la crème liquide dans la cuve du robot ou dans un saladier en inox. Ajoutez le café et la poudre pour fixer la chantilly. Mélangez et placez le récipient au réfrigérateur pendant au moins 30 minutes.

FOUETTEZ LA CRÈME. Lorsqu'elle s'épaissit, ajoutez le sucre glace et montez la crème en chantilly.

REMPLISSEZ UNE POCHE À DOUILLE DE CETTE CRÈME et décorez le baba. Saupoudrez de cacao et servez aussitôt avec un café.

PARIS

Baba au vieux rhum et à la mélasse de canne à sucre, **chantilly** à la vanille Bourbon

PRÉPARATION :
1 heure

Les courses !

POUR 10 BABAS OU UN GRAND MOULE À SAVARIN

Pâte à baba ou à savarin, recettes de base pages 8-9

POUR LE SIROP

1 l d'eau
100 g de mélasse de canne à sucre ou à défaut de caramel liquide
400 g de sucre
40 cl de vieux rhum

POUR LA CHANTILLY

1 gousse de vanille Bourbon
250 g de mascarpone
40 cl de crème liquide
1,5 sachet de poudre pour fixer la chantilly
100 g de sucre glace tamisé

POUR LE DÉCOR (FACULTATIF)

Brisures de sucre candi brun

PRÉPAREZ LE SIROP. Faites bouillir l'eau avec la mélasse et le sucre. Mélangez jusqu'à ce que ce dernier soit bien dissous. Laissez refroidir.

LORSQUE LE SIROP EST À 60 °C, AJOUTEZ LE VIEUX RHUM et imbibez le baba. Laissez-le s'égoutter sur une grille quelques minutes. Disposez le baba sur votre plat de service.

PRÉPAREZ LA CHANTILLY. Fendez la gousse de vanille et récupérez les grains avec la pointe d'un couteau. Réservez-les.

DÉLAYEZ LE MASCARPONE AVEC LA CRÈME LIQUIDE dans la cuve du robot ou dans un saladier en inox. Ajoutez les grains de vanille et la poudre pour fixer la chantilly. Mélangez et placez le récipient au réfrigérateur pendant au moins 30 minutes.

FOUETTEZ LA CRÈME. Lorsqu'elle s'épaissit, ajoutez le sucre glace et montez la crème en chantilly.

REMPLISSEZ UNE POCHE À DOUILLE DE CETTE CRÈME et décorez le baba. Saupoudrez de brisures de sucre candi brun.

Conseil : servez avec un verre de vieux rhum.

Baba au limoncello, **chantilly** au yaourt bulgare et au citron

PRÉPARATION :
1 heure

Les courses !

POUR 10 BABAS OU UN GRAND MOULE À SAVARIN

Pâte à baba ou à savarin, recettes de base pages 8-9

POUR LE SIROP

1 l d'eau
2 zestes de citron jaune
400 g de sucre
40 cl de limoncello

POUR LA CHANTILLY

250 g de mascarpone
40 cl de crème liquide
1 yaourt bulgare
1 zeste de citron
1,5 sachet de poudre pour fixer la chantilly
100 g de sucre glace tamisé

POUR LE DÉCOR (FACULTATIF)

Zestes de citron confits coupés en dés

PRÉPAREZ LE SIROP. Faites bouillir l'eau avec les zestes de citron. Coupez le feu, couvrez et laissez infuser 5 minutes. Retirez les zestes et ajoutez le sucre. Portez à ébullition et mélangez jusqu'à ce que ce dernier soit bien dissous. Laissez refroidir.

LORSQUE LE SIROP EST À 60 °C, AJOUTEZ LE LIMONCELLO et imbibez le baba. Laissez-le s'égoutter sur une grille quelques minutes. Disposez le baba sur votre plat de service.

PRÉPAREZ LA CHANTILLY. Délayez le mascarpone avec la crème liquide et le yaourt bulgare dans la cuve du robot ou dans un saladier en inox. Ajoutez le zeste de citron et la poudre pour fixer la chantilly. Mélangez et placez le récipient au réfrigérateur pendant au moins 30 minutes.

FOUETTEZ LA CRÈME. Lorsqu'elle s'épaissit, ajoutez le sucre glace et montez la crème en chantilly.

REMPLISSEZ UNE POCHE À DOUILLE DE CETTE CRÈME et décorez le baba. Parsemez quelques zestes de citron confits coupés en dés.

SERVEZ AVEC UN VERRE DE LIMONCELLO.

Baba à la tequila ambrée et au sirop d'agave, **chantilly** à la cannelle

PRÉPARATION :
1 heure

Les courses !

POUR 10 BABAS OU UN GRAND MOULE À SAVARIN

Pâte à baba ou à savarin, recettes de base pages 8-9

POUR LE SIROP

80 cl d'eau
40 cl de sirop d'agave
40 cl de tequila ambrée

POUR LA CHANTILLY

250 g de mascarpone
50 cl de crème liquide
1,5 cuil. à café de cannelle de Ceylan en poudre
1,5 sachet de poudre pour fixer la chantilly
100 g de sucre glace tamisé

PRÉPAREZ LE SIROP. Faites bouillir l'eau avec le sirop d'agave. Mélangez jusqu'à ce que ce dernier soit bien dissous. Laissez refroidir.

LORSQUE LE SIROP EST À 60 °C, AJOUTEZ LA TEQUILA AMBRÉE et imbibez le baba. Laissez-le s'égoutter sur une grille quelques minutes. Disposez le baba sur votre plat de service.

PRÉPAREZ LA CHANTILLY. Délayez le mascarpone avec la crème liquide dans la cuve du robot ou dans un saladier en inox. Ajoutez la cannelle et la poudre pour fixer la chantilly. Mélangez et placez le récipient au réfrigérateur pendant au moins 30 minutes.

FOUETTEZ LA CRÈME. Lorsqu'elle s'épaissit, ajoutez le sucre glace et montez la crème en chantilly.

REMPLISSEZ UNE POCHE À DOUILLE DE CETTE CRÈME et décorez le baba. Servez avec un verre de tequila ambrée.

Conseil : vous pouvez remplacer la tequila ambrée par 20 cl d'eau et le jus de 3 citrons verts pour une version sans alcool.

Baba au kirsch, **crème diplomate** aux fruits confits

PRÉPARATION :
1 heure 30

Les courses !

POUR 10 BABAS OU UN GRAND MOULE À SAVARIN

Pâte à baba ou à savarin, recettes de base pages 8-9

POUR LE SIROP

1 l d'eau
400 g de sucre
40 cl de kirsch

POUR LA CRÈME DIPLOMATE

2 cl de kirsch
80 g de fruits confits coupés en petits dés
6 cl de crème liquide
25 cl de lait
1 zeste d'orange
1 zeste de mandarine
60 g de jaunes d'œufs
50 g de sucre
10 g de fécule de maïs
10 g de farine de type 55
20 g de beurre coupé en dés

POUR LE DÉCOR (FACULTATIF)

Fruits confits entiers

PRÉPAREZ LE SIROP. Faites bouillir l'eau avec le sucre. Mélangez jusqu'à ce que ce dernier soit bien dissous. Laissez refroidir.

LORSQUE LE SIROP EST À 60 °C, AJOUTEZ LE KIRSCH et imbibez le baba. Laissez-le s'égoutter sur une grille quelques minutes. Disposez le baba sur votre plat de service.

PRÉPAREZ LA CRÈME DIPLOMATE. Faites tiédir le kirsch à feu moyen. Placez les fruits confits dans un bol, arrosez-les avec le kirsch et laissez-les s'imbiber de l'alcool. Mettez la crème liquide dans la cuve du robot ou dans un saladier en inox et placez le récipient au réfrigérateur.

FAITES BOUILLIR LE LAIT AVEC LES ZESTES. En attendant que le lait arrive à ébullition, blanchissez les jaunes d'œufs avec le sucre dans un saladier. Ajoutez la fécule et la farine, fouettez jusqu'à ce que le mélange soit homogène. Ajoutez le lait chaud tout en continuant de fouetter. Transvasez cette préparation dans une casserole et fouettez sur le feu jusqu'à ce que le mélange épaississe. Lorsque le mélange a une consistance de crème pâtissière, retirez la casserole du feu, ajoutez le beurre et fouettez jusqu'à ce que la crème soit lisse. Versez immédiatement dans un saladier. Couvrez avec un film plastique au contact direct de la crème (pour éviter qu'une pellicule ne se forme à la surface de la crème) et laissez refroidir. Lorsque la crème est suffisamment froide, placez-la au réfrigérateur pendant 30 minutes.

FOUETTEZ LA CRÈME LIQUIDE jusqu'à obtenir une consistance de chantilly. Incorporez délicatement cette chantilly à la crème diplomate refroidie.

REMPLISSEZ UNE POCHE À DOUILLE DE CETTE CRÈME et décorez le baba. Ajoutez quelques fruits confits entiers (en morceaux si vous faites des minibabas).

Conseil : servez avec un verre de Maurin® ou de guignolet.

Pour une variante sans alcool, vous pouvez remplacer le kirsch par 40 cl de jus de cerises.

Baba au calvados, **compote** pommes-caramel

PRÉPARATION :
1 heure

Les courses !

POUR 10 BABAS OU UN GRAND MOULE À SAVARIN

Pâte à baba ou à savarin, recettes de base pages 8-9

POUR LE SIROP

1 l d'eau
400 g de sucre
40 cl de calvados

POUR LA COMPOTE

50 g de sucre
50 g de beurre
500 g de pommes à cuire (reine des reinettes, canada, golden) coupées en dés
1 jus de citron

POUR LE DÉCOR (FACULTATIF)

Chips de pommes

PRÉPAREZ LE SIROP. Faites bouillir l'eau avec le sucre. Mélangez jusqu'à ce que ce dernier soit bien dissous. Laissez refroidir.

LORSQUE LE SIROP EST À 60 °C, AJOUTEZ LE CALVADOS et imbibez le baba. Laissez-le s'égoutter sur une grille quelques minutes. Disposez le baba sur votre plat de service.

PRÉPAREZ LA COMPOTE. Faites chauffer la casserole. Lorsque la casserole est bien chaude, versez le sucre en pluie et laissez cuire jusqu'à l'obtention d'un caramel. Déglacez avec le beurre et mélangez jusqu'à ce qu'il soit bien incorporé. Ajoutez les pommes et le jus de citron. Laissez compoter.

SERVEZ LE BABA AVEC DE LA COMPOTE et quelques chips de pomme.

Conseil : accordez votre baba avec du cidre (ou du jus de pommes). Pour une variante sans alcool, vous pouvez remplacer le calvados par 40 cl de jus de pommes.

Baba à la vodka **et à la fraise, chantilly** de fraises Tagada®

PRÉPARATION :
1 heure 30

Les courses !

POUR 10 BABAS OU UN GRAND MOULE À SAVARIN

Pâte à baba ou à savarin, recettes de base pages 8-9

POUR LE SIROP

80 cl d'eau
400 g de sucre
40 cl de vodka
20 cl de jus de fraises

POUR LA CHANTILLY

40 cl de crème liquide
80 g de fraises Tagada®

POUR LE DÉCOR (FACULTATIF)

Quelques fraises
Quelques fraises Tagada® et autres bonbons à la fraise

PRÉPAREZ LA CHANTILLY. Faites chauffer la crème liquide dans une casserole et incorporez les bonbons pour les faire fondre puis passez ce mélange au chinois. Laissez refroidir. Placez la crème dans un siphon, ajoutez une cartouche de gaz, secouez et réservez au réfrigérateur au moins 1 heure.

PRÉPAREZ LE SIROP. Faites bouillir l'eau avec le sucre. Mélangez jusqu'à ce que ce dernier soit bien dissous. Laissez refroidir.

LORSQUE LE SIROP EST À 60 °C, AJOUTEZ LA VODKA et le jus de fraises puis imbibez le baba. Laissez-le s'égoutter sur une grille quelques minutes. Disposez le baba sur votre plat de service.

DÉCOREZ LE BABA avec la chantilly de fraises Tagada®, des fraises et quelques bonbons.

Conseil : pour parfaire cette recette, accompagnez-la d'un diabolo fraise.

Pour une variante sans alcool, vous pouvez remplacer la vodka par du jus de fraises, ce qui renforcera le goût de fraise.

Baba au thé de Noël, **chantilly** à la mandarine et au chocolat

PRÉPARATION :
1 heure

Les courses !

POUR 10 BABAS OU UN GRAND MOULE À SAVARIN

Pâte à baba ou à savarin, recettes de base pages 8-9

POUR LE SIROP

- 1 l d'eau
- 6 cuil. à café de thé de Noël
- 400 g de sucre

POUR LA CHANTILLY

- 60 cl de crème liquide
- 360 g de chocolat à 60 % de cacao
- 2 zestes de mandarine

POUR LE DÉCOR (FACULTATIF)

- Quelques copeaux de chocolat
- Quelques tranches de mandarines et kumquats confits

PRÉPAREZ LE SIROP. Faites bouillir l'eau avec le thé. Coupez le feu, couvrez et laissez infuser 5 minutes. Filtrez et ajoutez le sucre. Mélangez et faites bouillir de nouveau jusqu'à ce que ce dernier soit bien dissous. Laissez refroidir.

IMBIBEZ LE BABA et laissez-le s'égoutter sur une grille quelques minutes. Disposez le baba sur votre plat de service.

PRÉPAREZ LA CHANTILLY. Prélevez 40 cl de crème liquide et placez-la dans la cuve du robot ou dans un saladier en inox. Placez le récipient au réfrigérateur pendant au moins 30 minutes.

FAITES FONDRE LE CHOCOLAT AU BAIN-MARIE. Faites bouillir les 20 cl de crème restants avec les zestes. Versez la crème sur le chocolat fondu en 3 fois, en remuant toujours au centre jusqu'à l'obtention d'une ganache bien lisse. Réservez.

FOUETTEZ LES 40 CL DE CRÈME LIQUIDE FROIDE jusqu'à obtenir une consistance de chantilly. Incorporez délicatement cette chantilly à la ganache.

REMPLISSEZ UNE POCHE À DOUILLE DE CETTE CRÈME et décorez le baba. Ajoutez des copeaux de chocolat et quelques tranches de mandarines et kumquats confits.

Conseil : servez avec un thé de Noël.

Pour plus de plaisir, vous pouvez ajouter quelques fruits secs coupés en dés dans la pâte.

Baba au madère, à l'orange et au miel, **chantilly** aux épices

PRÉPARATION :
1 heure

Les courses !

POUR 10 BABAS OU UN GRAND MOULE À SAVARIN

Pâte à baba ou à savarin, recettes de base pages 8-9

POUR LE SIROP

80 cl d'eau
1 zeste d'orange
400 g de miel
40 cl de madère

POUR LA CHANTILLY

250 g de mascarpone
40 cl de crème liquide
3 cuil. à café d'épices pour pain d'épice
1,5 sachet de poudre pour fixer la chantilly
100 g de sucre glace tamisé

POUR LE DÉCOR (FACULTATIF)

Petits cubes de pain d'épice

PRÉPAREZ LE SIROP. Faites bouillir l'eau avec le zeste. Coupez le feu, couvrez et laissez infuser 5 minutes. Filtrez et ajoutez le miel. Mélangez et faites bouillir jusqu'à ce que ce dernier soit bien dissous. Laissez refroidir.

LORSQUE LE SIROP EST À 60 °C, AJOUTEZ LE MADÈRE. Imbibez le baba et laissez-le s'égoutter sur une grille quelques minutes. Disposez le baba sur votre plat de service.

PRÉPAREZ LA CHANTILLY. Délayez le mascarpone avec la crème liquide dans la cuve du robot ou dans un saladier en inox. Ajoutez les épices pour pain d'épice et la poudre pour fixer la chantilly. Mélangez et placez le récipient au réfrigérateur pendant au moins 30 minutes.

FOUETTEZ LA CRÈME. Lorsqu'elle s'épaissit, ajoutez le sucre glace et montez la crème en chantilly.

REMPLISSEZ UNE POCHE À DOUILLE DE CETTE CRÈME et décorez le baba. Ajoutez des petits cubes de pain d'épice.

SERVEZ AUSSITÔT.

Conseil : pour un accord parfait, accompagnez le baba d'un lait chaud au miel et aux épices.

Baba au rhum blanc et au citron vert, **chantilly** à la menthe

PRÉPARATION :
1 heure

Les courses !

POUR 10 BABAS OU UN GRAND MOULE À SAVARIN

Pâte à baba ou à savarin, recettes de base pages 8-9

POUR LE SIROP

1 l d'eau
2 zestes de citron vert
400 g de sucre
40 cl de rhum blanc

POUR LA CHANTILLY

1 petit bouquet de menthe
40 cl de crème liquide
250 g de mascarpone
1,5 sachet de poudre pour fixer la chantilly
100 g de sucre glace tamisé

POUR LE DÉCOR (FACULTATIF)

Quelques feuilles de menthe et des zestes de citron vert

PRÉPAREZ LE SIROP. Faites bouillir l'eau avec les zestes. Coupez le feu, couvrez et laissez infuser 5 minutes. Filtrez et ajoutez le sucre. Mélangez et faites bouillir jusqu'à ce que ce dernier soit bien dissous. Laissez refroidir.

LORSQUE LE SIROP EST À 60 °C, AJOUTEZ LE RHUM BLANC. Imbibez le baba et laissez-le s'égoutter sur une grille quelques minutes. Disposez le baba sur votre plat de service.

PRÉPAREZ LA CHANTILLY. Mixez la menthe et la crème liquide. Passez au chinois.

DÉLAYEZ LE MASCARPONE avec le mélange précédent dans la cuve du robot ou dans un saladier en inox. Ajoutez la poudre pour fixer la chantilly. Mélangez et placez le récipient au réfrigérateur pendant au moins 30 minutes.

FOUETTEZ LA CRÈME. Lorsqu'elle s'épaissit, ajoutez le sucre glace et montez la crème en chantilly.

REMPLISSEZ UNE POCHE À DOUILLE DE CETTE CRÈME et décorez le baba. Ajoutez des feuilles de menthe et des zestes de citron vert.

SERVEZ AUSSITÔT.

Conseil : accompagnez cette recette d'un Mojito.

Baba au curaçao et au pamplemousse, **chantilly** à l'ananas

PRÉPARATION :
1 heure

Les courses !

POUR 10 BABAS OU UN GRAND MOULE À SAVARIN

Pâte à baba ou à savarin, recettes de base pages 8-9

POUR LE SIROP

1 l d'eau
1 zeste de pamplemousse rose
400 g de sucre
40 cl de curaçao

POUR LA CHANTILLY

250 g de mascarpone
40 cl de crème liquide
65 g de purée d'ananas au sirop passée au chinois
1,5 sachet de poudre pour fixer la chantilly
80 g de sucre glace tamisé

POUR LE DÉCOR (FACULTATIF)

Quelques tranches d'ananas
Quelques zestes de pamplemousse confits

PRÉPAREZ LE SIROP. Faites bouillir l'eau avec le zeste. Coupez le feu, couvrez et laissez infuser 5 minutes. Filtrez et ajoutez le sucre. Mélangez et faites bouillir jusqu'à ce que ce dernier soit bien dissous. Laissez refroidir.

LORSQUE LE SIROP EST À 60 °C, AJOUTEZ LE CURAÇAO. Imbibez le baba et laissez-le s'égoutter sur une grille quelques minutes. Disposez le baba sur votre plat de service.

PRÉPAREZ LA CHANTILLY. Délayez le mascarpone avec la crème liquide dans la cuve du robot ou dans un saladier en inox. Ajoutez la purée d'ananas et la poudre pour fixer la chantilly. Mélangez et placez le récipient au réfrigérateur pendant au moins 30 minutes.

FOUETTEZ CE MÉLANGE. Lorsqu'il s'épaissit, ajoutez le sucre glace et montez-le en chantilly.

REMPLISSEZ UNE POCHE À DOUILLE DE CETTE CRÈME et décorez le baba. Ajoutez des tranches fines d'ananas coupées en deux et des zestes de pamplemousse confits.

SERVEZ AUSSITÔT.

Conseil : accompagnez ce baba d'un verre de jus d'ananas.

Pour une variante sans alcool, remplacez le curaçao par 20 cl de jus de pamplemousse jaune et 20 cl de jus d'ananas.

Baba au Soho®, **chantilly** à la framboise

PRÉPARATION :
1 heure

Les courses !

POUR 10 BABAS OU UN GRAND MOULE À SAVARIN

Pâte à baba ou à savarin, recettes de base pages 8-9

POUR LE SIROP

1 l d'eau
400 g de sucre
40 cl de Soho®

POUR LA CHANTILLY

250 g de mascarpone
40 cl de crème liquide
6,5 cl de coulis de framboises
1,5 sachet de poudre pour fixer la chantilly
80 g de sucre glace tamisé

POUR LE DÉCOR (FACULTATIF)

Quelques framboises
Quelques litchis
Quelques pétales de rose

PRÉPAREZ LE SIROP. Faites bouillir l'eau avec le sucre jusqu'à ce qu'il soit bien dissous. Laissez refroidir.

LORSQUE LE SIROP EST À 60 °C, AJOUTEZ LE SOHO®. Imbibez le baba et laissez-le s'égoutter sur une grille quelques minutes. Disposez le baba sur votre plat de service.

PRÉPAREZ LA CHANTILLY. Délayez le mascarpone avec la crème liquide et le coulis de framboises dans la cuve du robot ou dans un saladier en inox. Ajoutez la poudre pour fixer la chantilly. Mélangez et placez le récipient au réfrigérateur pendant au moins 30 minutes.

FOUETTEZ LA CRÈME. Lorsqu'elle s'épaissit, ajoutez le sucre glace et montez la crème en chantilly.

REMPLISSEZ UNE POCHE À DOUILLE DE CETTE CRÈME et décorez le baba. Ajoutez des framboises, des litchis et des pétales de rose.

SERVEZ AUSSITÔT.

Conseil : pour parfaire cette recette jusqu'au bout, accompagnez-la d'un crémant aromatisé avec du Soho® et du sirop de rose (vous pouvez également placer une framboise dans chaque verre).

Et pour une variante sans alcool, remplacez le Soho® par 20 cl de jus de litchis, 20 cl de jus de framboises et 15 cl d'eau de rose.

Baba à la tomate
et aux épices à chili con carne, **chantilly** à l'avocat et au citron vert

PRÉPARATION :
1 heure

Les courses !

POUR 10 BABAS OU UN GRAND MOULE À SAVARIN

Pâte à baba ou à savarin, recettes de base pages 8-9

POUR LE BOUILLON

50 cl de bouillon de légumes tiède (ou 50 cl d'eau + 1/2 cube de bouillon de légumes déshydraté)
50 cl de jus de tomate (de préférence des tomates passées à la centrifugeuse)
2 cuil. à café de Tabasco®

POUR LA CHANTILLY

1 avocat
Le jus d'un demi-citron vert
Sel, poivre
Épices à chili con carne
25 cl de crème liquide très froide
1 sachet de poudre pour fixer la chantilly

POUR LE DÉCOR (FACULTATIF)

Épices à chili con carne
Quelques pluches de coriandre

PRÉPAREZ LE BOUILLON. Mélangez le bouillon de légumes et le jus de tomates. Assaisonnez avec le Tabasco®.

IMBIBEZ LE BABA et laissez-le s'égoutter sur une grille quelques minutes. Disposez le baba sur votre plat de service.

PRÉPAREZ LA CHANTILLY. Mixez la pulpe de l'avocat avec le jus de citron vert, du sel, du poivre et les épices à chili con carne jusqu'à obtenir une purée très fine. Réservez au réfrigérateur au moins 30 minutes (vous pouvez réaliser cette opération la veille).

DÉTENDEZ AU FOUET LA PURÉE D'AVOCAT en versant la crème liquide petit à petit. Ajoutez la poudre pour fixer la chantilly et mélangez bien. Fouettez jusqu'à obtenir une consistance de chantilly.

REMPLISSEZ UNE POCHE À DOUILLE DE CETTE CRÈME et garnissez le baba. Saupoudrez d'épices à chili con carne et décorez avec quelques pluches de coriandre.

Conseil : servez le baba avec une Margarita.

Pour renforcer ces saveurs mexicaines et apporter plus de couleur au baba, vous pouvez remplacer un quart de la quantité de farine de blé par de la farine de maïs dans les recettes de base de pâte à baba ou à savarin.

AU PRINTEMPS
PARIS

Baba à la morue, au gaspacho
et aux épices andalouses,
chutney de tomates vertes

PRÉPARATION :
1 heure 30

Les courses !

POUR 10 BABAS OU UN GRAND MOULE À SAVARIN

Pâte à baba ou à savarin, recettes de base pages 8-9

POUR LE BOUILLON

50 cl de bouillon de légumes tiède (ou 50 cl d'eau + 1/2 cube de bouillon de légumes déshydraté)
50 cl de gaspacho
3 cuil. à café d'épices andalouses

POUR LE CHUTNEY

1 kg de tomates vertes
500 g de pommes
2 oignons rouges
3 cuil. à soupe d'huile
25 cl de vinaigre de cidre
250 g de sucre
1 cuil. à café de poivre de la Jamaïque (facultatif)
Sel

POUR LA GARNITURE

1 filet de morue salée cuit au court-bouillon et effeuillé
Quelques tomates cerise

PRÉPAREZ LE BOUILLON. Mélangez le bouillon de légumes et le gaspacho. Assaisonnez avec les épices andalouses.

IMBIBEZ LE BABA et laissez-le s'égoutter sur une grille quelques minutes. Disposez le baba sur votre plat de service.

PRÉPAREZ LE CHUTNEY. Pelez, épépinez les tomates et les pommes. Coupez-les en petits dés. Hachez les oignons. Faites suer les oignons avec un peu d'huile. Ajoutez les tomates, les pommes, le vinaigre et le sucre. Faites compoter pendant 25 minutes. Assaisonnez avec le poivre de la Jamaïque et du sel.

DISPOSEZ LE CHUTNEY SUR LE BABA et garnissez-le avec des pétales de morue et des tomates cerise.

SERVEZ ACCOMPAGNÉ D'UN VERRE DE GASPACHO.

Baba au saumon fumé et au citron, **chantilly** de petits pois au wasabi

PRÉPARATION :
1 heure

Les courses !

POUR 10 BABAS OU UN GRAND MOULE À SAVARIN

Pâte à baba ou à savarin, recettes de base pages 8-9

POUR LE BOUILLON

1 l de bouillon de légumes tiède (ou 1 l d'eau + 1 cube de bouillon de légumes déshydraté)

1 jus de citron jaune

POUR LA CHANTILLY

150 g de purée de petits pois passée au chinois

40 cl de crème liquide très froide

1/2 cuil. à café de wasabi

1 sachet de poudre pour fixer la chantilly

POUR LA GARNITURE

300 g de saumon fumé coupé en fines lanières

Quelques dés de citrons confits en saumure

PRÉPAREZ LE BOUILLON. Mélangez le bouillon et le jus de citron.

IMBIBEZ LE BABA et laissez-le s'égoutter sur une grille quelques minutes. Disposez le baba sur votre plat de service.

PRÉPAREZ LA CHANTILLY. Détendez au fouet la purée de petits pois en versant la crème liquide petit à petit. Ajoutez le wasabi et la poudre pour fixer la chantilly. Mélangez bien et réservez au réfrigérateur au moins 30 minutes (vous pouvez réaliser cette opération la veille).

FOUETTEZ jusqu'à obtenir une consistance de chantilly.

REMPLISSEZ UNE POCHE À DOUILLE DE CETTE CRÈME et décorez le baba. Garnissez le baba avec le saumon fumé et les dés de citrons confits. Servez avec un verre de vin blanc.

Baba au colombo et aux boudins créoles, chutney exotique

PRÉPARATION :
1 heure 30

Les courses !

POUR 10 BABAS OU UN GRAND MOULE À SAVARIN

Pâte à baba ou à savarin, recettes de base pages 8-9

POUR LE BOUILLON

3 cuil. à soupe de poudre à colombo ou 1,5 cuil. à soupe de pâte à colombo
1 l de bouillon de légumes tiède (ou 1 l d'eau + 1 cube de bouillon de légumes déshydraté)

POUR LE CHUTNEY EXOTIQUE

25 cl de vinaigre de cidre
3 cuil. à soupe de baies de poivre de la Jamaïque
1/2 oignon rouge émincé
1 cuil. à soupe d'huile d'olive
30 g de gingembre finement haché
250 g de mangue coupée en dés
375 g d'ananas coupé en dés
1 nashi coupé en petits dés ou à défaut 1 pomme granny smith coupée en petits dés
180 g de papaye coupée en dés
125 g de cassonade
1 cuil. à soupe de sauce piquante antillaise
Sel, poivre

POUR LA GARNITURE

1 paquet de miniboudins créoles cuits
Quelques dés d'ananas

PRÉPAREZ LE BOUILLON. Délayez le colombo dans le bouillon.

IMBIBEZ LE BABA et laissez-le s'égoutter sur une grille quelques minutes. Disposez le baba sur votre plat de service.

PRÉPAREZ LE CHUTNEY. Faites bouillir le vinaigre avec les baies de poivre. Coupez le feu, couvrez et laissez infuser 5 minutes. Filtrez.

FAITES SUER L'OIGNON DANS UN PEU D'HUILE. Ajoutez le gingembre, les fruits, le vinaigre et la cassonade. Faites compoter 20 minutes. Assaisonnez avec la sauce piquante, du sel et du poivre.

SERVEZ LE BABA AVEC LE CHUTNEY et les miniboudins créoles que vous aurez placés sur des piques en bois. Vous pouvez également ajouter un morceau d'ananas sur chaque pique.

Conseil : accompagnez le baba d'un ti punch.

Baba au ras el hanout
et aux poivrons grillés, **chantilly** au tahini

PRÉPARATION :
1 heure

Les courses !

POUR 10 BABAS OU UN GRAND MOULE À SAVARIN

Pâte à baba ou à savarin, recettes de base pages 8-9

POUR LE BOUILLON

1 l de bouillon de légumes tiède (ou 1 l d'eau + 1 cube de bouillon de légumes déshydraté)

3 cuil. à soupe de ras el hanout

POUR LA CHANTILLY

200 g de tahini

40 cl de crème liquide très froide

1 sachet de poudre pour fixer la chantilly

Sel, poivre

POUR LA GARNITURE

1 bocal de poivrons grillés, marinés à l'huile d'olive, égouttés et taillés en julienne

Quelques pois chiches

PRÉPAREZ LE BOUILLON. Assaisonnez le bouillon avec le ras el hanout.

IMBIBEZ LE BABA et laissez-le s'égoutter sur une grille quelques minutes. Disposez le baba sur votre plat de service.

PRÉPAREZ LA CHANTILLY. Délayez le tahini avec la crème liquide, assaisonnez. Ajoutez la poudre pour fixer la chantilly et mélangez bien. Réservez au réfrigérateur au moins 30 minutes (vous pouvez réaliser cette opération la veille).

FOUETTEZ jusqu'à obtenir une consistance de chantilly.

REMPLISSEZ UNE POCHE À DOUILLE DE CETTE CRÈME et garnissez le baba. Décorez avec les poivrons grillés et les pois chiches.

Conseil : servez avec un Bloody Mary ou un jus de tomate.

Pour renforcer ces saveurs orientales, vous pouvez remplacer un quart de la quantité de farine de blé par de la farine de pois chiches dans les recettes de base de pâtes à baba ou à savarin.

Baba aux noix, **chantilly** au bleu d'Auvergne

PRÉPARATION :
1 heure

Les courses !

POUR 10 BABAS OU UN GRAND MOULE À SAVARIN

Pâte à baba ou à savarin, recettes de base pages 8-9

POUR LE BOUILLON

3 cuil. à soupe d'huile de noix
1 l de bouillon de légumes tiède (ou 1 l d'eau + 1 cube de bouillon de légumes déshydraté)

POUR LA CHANTILLY

100 g de bleu d'Auvergne
40 cl de crème liquide très froide
1 sachet de poudre pour fixer la chantilly
Sel, poivre

POUR LE DÉCOR (FACULTATIF)

Quelques dés de bleu d'Auvergne
Quelques cerneaux de noix

PRÉPAREZ LE BOUILLON. Mélangez l'huile de noix au bouillon.

IMBIBEZ LE BABA et laissez-le s'égoutter sur une grille quelques minutes. Disposez le baba sur votre plat de service.

PRÉPAREZ LA CHANTILLY. Faites fondre le fromage dans la moitié de la crème liquide, à feu moyen. Passez au chinois et laissez refroidir. Ajoutez le reste de crème et la poudre pour fixer la chantilly. Mélangez, assaisonnez et réservez au réfrigérateur au moins 30 minutes (vous pouvez réaliser cette opération la veille).

FOUETTEZ jusqu'à obtenir une consistance de chantilly.

REMPLISSEZ UNE POCHE À DOUILLE DE CETTE CRÈME et garnissez le baba. Décorez avec les dés de bleu d'Auvergne et les cerneaux de noix.

Conseil : servez avec un verre de vin rouge ou un kir à base de vin blanc et de liqueur à la châtaigne.

Pour renforcer le goût de la noix, vous pouvez également remplacer la moitié de la quantité de beurre par de l'huile de noix dans les recettes de base.

Baba au poulet tandoori, **chantilly** à la raïta

PRÉPARATION :
1 heure

Les courses !

POUR 10 BABAS OU UN GRAND MOULE À SAVARIN

Pâte à baba ou à savarin, recettes de base pages 8-9

POUR LE BOUILLON

1 l de bouillon de légumes tiède (ou 1 l d'eau + 1 cube de bouillon de légumes déshydraté)

3 cuil. à soupe d'épices à tandoori

POUR LA CHANTILLY

150 g de raïta (100 g de yaourt grec agrémenté de 50 g de concombre finement haché et assaisonné avec de la menthe ciselée, du sel et du poivre)

40 cl de crème liquide très froide

1 sachet de poudre pour fixer la chantilly

Sel, poivre

POUR LA GARNITURE

150 g de blanc de poulet assaisonné d'épices pour tandoori, cuit et émincé

POUR LE DÉCOR (FACULTATIF)

Quelques feuilles de menthe

PRÉPAREZ LE BOUILLON. Assaisonnez-le avec les épices à tandoori.

IMBIBEZ LE BABA et laissez-le s'égoutter sur une grille quelques minutes. Disposez le baba sur votre plat de service.

PRÉPAREZ LA CHANTILLY. Délayez la raïta dans la crème liquide. Ajoutez la poudre pour fixer la chantilly et assaisonnez. Mélangez et réservez au réfrigérateur au moins 30 minutes (vous pouvez réaliser cette opération la veille).

FOUETTEZ jusqu'à obtenir une consistance de chantilly.

REMPLISSEZ UNE POCHE À DOUILLE DE CETTE CRÈME et décorez le baba. Garnissez avec le poulet tandoori émincé et quelques feuilles de menthe.

Conseil : servez avec un verre de gin ou un lassi à la mangue.

Baba aux harengs fumés, pommes de terre et oignons, **chantilly** au Tartare®

PRÉPARATION :
1 heure

Les courses !

POUR 10 BABAS OU UN GRAND MOULE À SAVARIN

Pâte à baba ou à savarin, recettes de base pages 8-9

POUR LE BOUILLON

1 l de bouillon de légumes tiède (ou 1 l d'eau + 1 cube de bouillon de légumes déshydraté)

POUR LA CHANTILLY

150 g de Tartare®

40 cl de crème liquide très froide

1 sachet de poudre pour fixer la chantilly

Sel, poivre

POUR LA GARNITURE

1/2 oignon émincé en julienne

1 cuil. à soupe d'huile d'olive

8 petites pommes de terre nouvelles cuites à la vapeur

1 filet de hareng fumé

PRÉPAREZ LE BOUILLON. Imbibez le baba avec le bouillon et laissez-le s'égoutter sur une grille quelques minutes. Disposez le baba sur votre plat de service.

PRÉPAREZ LA CHANTILLY. Délayez le Tartare® avec la crème liquide, assaisonnez. Ajoutez la poudre pour fixer la chantilly et mélangez bien. Réservez au réfrigérateur au moins 30 minutes (vous pouvez réaliser cette opération la veille).

FOUETTEZ jusqu'à obtenir une consistance de chantilly.

FAITES SUER LA JULIENNE D'OIGNON dans un peu d'huile et réservez sur du papier absorbant.

REMPLISSEZ UNE POCHE À DOUILLE DE CETTE CRÈME et décorez le baba. Garnissez le baba avec les pommes de terre nouvelles (coupez-les en deux si nécessaire), des morceaux de hareng fumé et la julienne d'oignon.

Conseil : servez avec un verre de vin blanc sec.

Pour renforcer le goût de la pomme de terre et apporter plus de couleur au baba, vous pouvez remplacer un quart de la quantité de farine de blé par des flocons de pomme de terre dans les recettes de base.

Baba au porto,
au jambon de Parme et au melon,
chantilly au lard fumé

PRÉPARATION :
1 heure

Les courses !

POUR 10 BABAS OU UN GRAND MOULE À SAVARIN

Pâte à baba ou à savarin, recettes de base pages 8-9

POUR LE BOUILLON

80 cl de bouillon de légumes tiède (ou 80 cl d'eau + 1 cube de bouillon de légumes déshydraté)

20 cl de porto

POUR LA CHANTILLY

100 g de lard fumé alsacien émincé

40 cl de crème liquide très froide

1 sachet de poudre pour fixer la chantilly

Sel, poivre

POUR LA GARNITURE

100 g de copeaux de jambon de Parme

100 g de melon taillé en copeaux avec un économe

PRÉPAREZ LE BOUILLON. Mélangez le bouillon et le porto. Imbibez le baba et laissez-le s'égoutter sur une grille quelques minutes. Disposez le baba sur votre plat de service.

PRÉPAREZ LA CHANTILLY. Faites fondre le lard dans la moitié de la crème liquide tout doucement et à feu moyen puis assaisonnez. Passez au chinois et laissez refroidir.

AJOUTEZ LE RESTE DE CRÈME LIQUIDE À CE MÉLANGE et la poudre pour fixer la chantilly. Mélangez et réservez au réfrigérateur au moins 30 minutes (vous pouvez réaliser cette opération la veille).

FOUETTEZ jusqu'à obtenir une consistance de chantilly.

REMPLISSEZ UNE POCHE À DOUILLE DE CETTE CRÈME et décorez le baba. Garnissez le baba avec les copeaux de jambon de Parme et de melon.

Conseil : servez avec un verre de porto.

Baba à l'armagnac et aux figues, **chantilly** au foie gras

PRÉPARATION :
1 heure

Les courses !

POUR 10 BABAS OU UN GRAND MOULE À SAVARIN

Pâte à baba ou à savarin, recettes de base pages 8-9

POUR LE BOUILLON

80 cl de bouillon de légumes tiède (ou 80 cl d'eau + 1 cube de bouillon de légumes déshydraté)
20 cl d'armagnac

POUR LA CHANTILLY

150 g de foie gras
40 cl de crème liquide très froide
1 sachet de poudre pour fixer la chantilly
Sel, poivre

POUR LA GARNITURE

3 figues coupées en tranches
Quelques dés de foie gras (facultatif)

PRÉPAREZ LE BOUILLON. Mélangez le bouillon et l'armagnac. Imbibez le baba et laissez-le s'égoutter sur une grille quelques minutes. Disposez le baba sur votre plat de service.

PRÉPAREZ LA CHANTILLY. Faites fondre le foie gras dans la moitié de la crème liquide tout doucement et à feu moyen puis assaisonnez. Passez au chinois et laissez refroidir.

AJOUTEZ À CE MÉLANGE LE RESTE DE CRÈME LIQUIDE et la poudre pour fixer la chantilly. Mélangez et réservez au réfrigérateur au moins 30 minutes (vous pouvez réaliser cette opération la veille).

FOUETTEZ jusqu'à obtenir une consistance de chantilly.

REMPLISSEZ UNE POCHE À DOUILLE DE CETTE CRÈME et décorez le baba. Garnissez avec les tranches de figues et les dés de foie gras.

Conseil : servez avec un verre de vin blanc liquoreux ou un verre d'armagnac.

Table des recettes

Recettes de **base**

Recettes **sucrées**

Recettes **salées**

Remerciements

Je remercie sincèrement **Florence Lécuyer** qui m'a accordé sa confiance et m'a donné ma chance.

À mes grands-parents auvergnats et togolais pour m'avoir transmis les gènes du jardinage et de la cuisine.

À mes parents et à mon frère pour leur soutien de tous les instants, pour le foufou sauce gombo du samedi, le pot-au-feu du dimanche et le pilchard des vacances.

À ma Taté pour m'avoir transmis la passion des bons produits et de la cuisine, pour les crêpes du mercredi et l'inimitable civet de lapin.

À tous les autres membres de ma famille.

À Stéphane, Aurélie (la cueillette des cerises !), Karine & Sébastien, Charlotte V., Charlotte D., Guillaume, Pauline, Matthieu, Thomas pour partager ma table avec enthousiasme depuis plus de dix ans.

À Yung Lo, Jui Ling, Hanweï, Ihan, Masayuki, Prim, Fernando & Claudia, Perihan, Gulenay, Ozlem, Caitlin & Woody pour m'avoir fait découvrir les incroyables saveurs de vos pays.

À la Karine's family, Blandine, Christian & Héloïse, Delphine, Stéphanie, Céline, Annie, Brigitte, Christine et Alex pour les commandes de gâteaux à répétition.

Département éditorial Art de Vie

Achevé d'imprimer en mai 2014

Photogravure : APS Chromostyle

Dépôt légal : juin 2014

Imprimé en France par Pollina - L67933

Totalement irrésistibles !

IRRÉSISTIBLES · IRRÉSISTIBLES ·

★★★